Y. 6060.
+L.4.

LES JNCAS
DU PEROU.

A

LES JNCAS
DU PEROU,
ACTE DE BALLET.

Repréſenté devant LEURS MAJESTÉS *à Verſailles le Mercredi* 30 *Janvier* 1765.

DE L'IMPRIMERIE
De CHRISTOPHE BALLARD, Seul Imprimeur du Roi pour la Muſique, & Noteur de la Chapelle de Sa Majeſté.

M. DCC. LXV.
Par exprès Commandement de SA MAJESTÉ.

Les Paroles sont de FUSELIER.

La Musique de RAMEAU.

Les Ballets sont de la composition de MM. LAVAL, Pere & Fils, Maîtres des Ballets de Sa Majesté.

ACTEURS DES CHŒURS.

LES DEMOISELLES.

Canavas.
Bertin.
Favier.
Dubois, C.
Camus.

De Chevremont.
Aubert.
Bouillon.
Desjardins.
Daigremont.

LES SIEURS,

Ducroc.
Joguet.
L'Evêque.
Cochois.
Daigremont.
Charles.
Joly.
Marcou.

Bosquillon.
Guerin.
Abraham.
Le Begue.
Bazire.
Camus.
Besche 3.^e

ACTEURS CHANTANTS.

HUASCAR JNCA,
Ordonateur de la Fête du Soleil.   Le Sieur Gélin.

PHANI-PALLA,
de la race Royale.   La Dlle. Dubois L.

DOM CARLOS, *Officier Espagnol, Amant de* PHANI.   Le Sieur Le Gros.

UN JNCA.   Le Sr. Levesque.

ESPAGNOLS, *de la suite de* DOM CARLOS. Les Srs. { Camus. Bazire. }

PERSONNAGES DANSANTS.

PÉRUVIENS ET PÉRUVIENNES.

La Demoiselle Allard.

Le Sieur Campioni.   La Dlle. Guimard.

Les Sieurs Lelievre, Rogier, Dubois, Leger.

Les Demoiselles Petitot, Rey, Demiré, Clairval.

LES INCAS
DU PEROU,
ACTE DE BALLET.

Le Théâtre représente un désert du Perou, terminé par une montagne aride: le sommet en est couronné par la bouche d'un Volcan, formée de Rochers calcinés, couverts de cendres.

SCENE PREMIERE.
PHANI-PALLA, DOM CARLOS,
Officier Espagnol.

CARLOS.

Vous devés bannir de votre âme,
La criminelle erreur qui séduit les Incas;
Vous l'avés promis à ma flâme:
Pourquoi différés-vous ? Non, vous ne
m'aimés pas...

PHANI.

Que vous pénétrés mal mon secret embarras !
Quel injuste soupçon !.. Quoi, sans inquiétude,
Brise-t-on à la fois
Les liens du sang & des loix ?
Excusés mon incertitude.

CARLOS.

Dans un culte fatal, qui peut vous arrêter ?

PHANI.

Ne croyés point, Carlos, que ma raison balance ;
Mais de nos fiers Jncas je crains la violence...

CARLOS.

Ah ! pouvés-vous les redouter ?

PHANI.

Sur ces monts leurs derniers afiles,
La Fête du Soleil va les rassembler tous....

CARLOS.

Du trouble de leurs jeux que ne profitons-nous ?

ACTE DE BALLET.

PHANI.

Ils obfervent mes pas...

CARLOS.

Leurs foins font inutiles,
Si vous m'acceptés pour Époux.

PHANI.

Carlos, allés, preffés ce moment favorable;
Délivrés-moi d'un féjour détestable;
Mais ne foyés pas feul... Quel funefte malheur,
Si votre mort!.. Le peuple eft barbare, implacable
Et quelque fois le nombre accable,
La plus intrépide valeur.

Allés; ma crainte eft pardonnable;
Empruntés du fecours, raffemblés vos guerriers,
Conduifés leur courage à de nouveaux lauriers.

SCENE SECONDE.

PHANI-PALLA.

Viens, Hymen, viens m'unir au vainqueur que j'adore ;
Forme tes nœuds, enchaîne-moi.
Dans ces tendres instans où ma flâme t'implore,
L'Amour même n'est pas plus aimable que toi.

Viens, Hymen, viens m'unir au vainqueur que j'adore ;
Forme tes nœuds, enchaîne-moi.

SCENE TROISIÉME.

PHANI-PALLA, HUASCAR JNCA;
UN JNCA.

HUASCAR.

Elle est seule... parlons, l'instant est favorable...
Mais je crains d'un rival l'obstacle redoutable.
Parlons au nom des Dieux, pour surprendre son cœur;
Tout ce que dit l'amour est toujours pardonnable,
Et le Ciel, que je sers, doit servir mon ardeur.

(*à Phani.*)

Le Dieu de ces climats dans ce beau jour m'inspire,
Princesse, le Soleil daigne veiller sur vous,
Et lui-même dans notre Empire,
Il prétend par ma voix, vous nommer un époux.
Vous frémissés.. D'où vient que votre cœur soupire?

Obéissons sans balancer,
Lorsque le Ciel commande.

Nous ne pouvons trop nous presser
D'accorder ce qu'il nous demande;
Y refléchir, c'est l'offenser.

Lorsque le Ciel commande,
Obéissons sans balancer.

PHANI.

Non, non, je ne crois pas tout ce que l'on assûre,
En attestant les Cieux;
C'est souvent l'imposture
Qui parle au nom des Dieux.

HUASCAR.

Pour les Dieux & pour moi quelle coupable injure !
Je sais ce qui produit votre incrédulité,
C'est l'Amour : dans votre âme il est seul écouté.

PHANI.

L'Amour ! Que croyés-vous ?

HUASCAR.

Oui, vous aimés, perfide;

ACTE DE BALLET.

Un de nos vainqueurs inhumains...
Ciel ! mettras-tu toujours tes armes dans leurs mains ?

PHANI.

Redoutés le Dieu qui les guide.

HUASCAR.

C'est l'or, qu'avec empressement,
Sans jamais s'assouvir, ces barbares dévorent ;
L'or, qui de nos Autels ne fait que l'ornement,
Est le seul Dieu que nos tyrans adorent.

PHANI.

Téméraire ! Que dites-vous !
Révérés leur puissance & craignés leur couroux.
Pour leur obtenir vos hommages,
Faut-il des miracles nouveaux ?
Vous avés vu de nos rivages,
Leurs Villes voler sur les eaux ;
Vous avés vu, dans l'horreur de la guerre,
Leurs invincibles bras disposer du tonnerre.

SCENE QUATRIEME.

HUASCAR JNCA, un JNCA.

On entend un prélude qui annonce la Fête du Soleil.

HUASCAR.

(*à part.*)

ON vient. Diffimulons mes tranfports à leurs yeux.

(*à l'Inca.*)

Vous favés mon projet. Allés; qu'on m'obéiffe...

(*à part.*)

Je n'ai donc plus pour moi qu'un barbare artifice,
Qui de flâme & de fang innondera ces lieux!
Mais que ne rifque point un amour furieux?

SCENE CINQUIEME.

LA FESTE DU SOLEIL.

HUASCAR JNCA, PHANI - PALLA *ramenée par des* JNCAS, PALLAS ET JNCAS, PÉRUVIENS ET PÉRUVIENNES.

HUASCAR.

Soleil, on a détruit tes superbes asiles,
Il ne te reste plus de Temple que nos cœurs :
Daigne nous écouter dans ces deserts tranquilles,
Le zele est pour les Dieux le plus cher des honneurs.

(*Les* Pallas *&* les Jncas *font leur adoration au Soleil.*)

HUASCAR.

Brillant Soleil ! jamais nos yeux dans ta carriere,
N'ont vu tomber de noirs frimats :
Et tu répands dans nos climats
Ta plus éclatante lumiere.

CHŒUR.

Brillant Soleil, &c.

LES INCAS DU PERROU,

Danse de PÉRUVIENS & *de* PÉRUVIENNES.

HUASCAR.

Clair Flambeau du monde,
L'air, la terre & l'onde
Ressentent tes bienfaits,
Clair Flambeau du monde,
L'air, la terre & l'onde
Te doivent leurs attraits.

CHŒUR.

Clair Flambeau, &c.

HUASCAR.

Par toi dans nos champs tout abonde;
Nous ne pouvons compter les biens que tu nous fais !
Chantons les seulement, que l'écho nous réponde,
Que ton nom dans nos bois retentisse à jamais.

CHŒUR.

Clair Flambeau, &c.

HUASCAR.

HUASCAR.

Tu laisses l'Univers dans une nuit profonde
　　Lorsque tu disparois;
Et nos yeux, en perdant ta lumiere féconde,
Perdent tous leurs plaisirs; la beauté perd
　　ses traits.

CHŒUR.

Clair Flambeau du Monde, &c.

(On danse.)

HUASCAR.

Permettés, Astre du jour,
Qu'en chantant vos feux, nous chantions
　　d'autres flâmes.
Partagés, Astre du jour,
L'encens de nos âmes
Avec le tendre Amour.

Le Soleil, en guidant nos pas,
　Répand ses appas.
Dans les routes qu'il pare.
Raison, quand malgré tes soins,
　L'Amour nous égare,
　Nous plaît-il moins ?

Vous brilés, Astre du jour,
Vous charmés nos yeux par l'éclat de vos flâmes;
Vous brilés, Astre du jour;
L'Astre de nos âmes
C'est le tendre Amour.

On danse.

(*La Fête est troublée par un tremblement de terre.*)

CHŒUR.

Dans les abîmes de la terre,
Les Vents se déclarent la guerre.

(*L'air s'obcurcit, le tremblement redouble, le Volcan s'allume, & jette, par tourbillons, du feu & de la fumée*).

CHŒUR.

Les rochers embrâsés s'élancent dans les airs.
Et portent jusqu'aux cieux les flâmes des enfers.

(*L'épouvente saisit les* PÉRUVIENS, *ils se dispersent;* HUASCAR *arrête* PHANI, *& le tremblement de Terre semble s'appaiser.*)

ACTE DE BALLET.

SCENE VI.

PHANI-PALLA, HUASCAR INCA.

HUASCAR, *à* PHANI, *qui traverse le théâtre en fuyant.*

ARRESTÉS ? Par ces feux, le Ciel vient
    de m'apprendre,
  Qu'à son arrêt il faut vous rendre ;
Et l'Hymen....

PHANI.

  Qu'allés-vous encor me révéler ?
  O ! jour funeste ! dois-je croire
  Que le Ciel, jaloux de sa gloire,
Ne s'explique aux humains qu'en les faisant
    trembler ?

SCENE VII.

PHANI-PALLA, HUASCAR JNCA, DOM CARLOS, Officier Espagnol, & sa Suite.

HUASCAR, *arrêtant encore* PHANI.

Vous fuyés, quand les Dieux daignent vous appeller!
Eh bien, cruelle, eh bien! vous allés me connoître,
Suivés l'Amour jaloux....

CARLOS.

Ton crime ôse paroître!

PHANI.

Le Soleil, jusqu'au fond des antres les plus creux
Vient d'allumer la terre, & son courroux présage....

CARLOS.

Princesse, quelle erreur! c'est le Ciel qu'elle outrage.

Cet embrâsement dangereux,
Du Soleil n'est point l'ouvrage;

(*Montrant* HUASCAR.)

Il est celui de sa rage.
Un seul rocher, jetté dans ces gouffres affreux,
Y réveillant l'ardeur de ces terribles feux,
Suffit pour exciter un si fatal ravage.
Le perfide espéroit vous tromper dans ce jour,
Et que votre terreur serviroit son amour.
Sur ces monts mes guerriers punissent ses complices:
Ils vont trouver, dans ces noirs précipices,
Des tombeaux dignes d'eux....

(*à* HUASCAR.)

Mais il te faut de plus cruels supplices.

(*à* PHANI.)

Accordés votre main à son rival heureux;
C'est-là son châtiment.

HUASCAR.

Ciel! qu'il est rigoureux!

PHANI ET CARLOS.

Pour jamais l'Amour nous engage,
Non, non, rien n'eſt égal à ma félicité.

HUASCAR.

Non, rien n'égale ma rage,
Je ſuis témoin de leur félicité.

PHANI ET CARLOS.

Ah! mon cœur a bien mérité
Le ſort qu'avec vous il partage.

HUASCAR.

Faut-il que mon cœur irrité
Ne puiſſe être vengé d'un ſi cruel outrage?

PHANI ET CARLOS.

Pour jamais l'Amour nous engage,
Non, non, rien n'eſt égal à ma félicité!

HUASCAR.

Non, rien n'égale ma rage,
Je ſuis témoin de leur félicité.

PHANI & CARLOS s'adreſſent l'un à l'autre les paroles de ce Trio. HUASCAR chante les ſiennes à part.

SCENE VIII, & derniere.

(Le Volcan se rallume, & le tremblement de terre recommence.)

HUASCAR.

LA flâme se rallume encore....
Loin de l'éviter, je l'implore....
Abîmes embrâsés, j'ai trahi les Autels;
Éxercés l'emploi du Tonnerre;
Vengés les droits des Immortels;
Déchirés le sein de la Terre;
Sous mes pas chancelants,
Renversés, dispersés ces arides Montagnes;
Lancés vos feux dans ces tristes campagnes,
Tombés sur moi, rochers brûlants.

Le Volcan vomit des rochers enflâmés qui écrâsent le criminel HUASCAR.

FIN.

www.ingramcontent.com/pod-product-compliance
Lightning Source LLC
Chambersburg PA
CBHW070523050426
42451CB00013B/2820